D1734973

Mehr Infos zur Reihe »Wien in alten Fotografien«
finden Sie unter: www.ueberreuter.at

ISBN 978-3-8000-7481-5
Redaktion: Carola Leitner und Kurt Hamtil
Gestaltung: Verlagsbüro Wien / Kurt Hamtil
Coverfoto: Bildarchiv der Österreichischen Nationalbibliothek
Copyright © 2010 by Verlag Carl Ueberreuter, Wien
Druck: Druckerei Theiss GmbH, A-9431 St. Stefan i. Lav.
7 6 5 4 3 2

Ueberreuter im Internet: www.ueberreuter.at

Wiener Prater und
Volksbelustigungen

UEBERREUTER

Wiener Prater und Volksbelustigungen

Der Wiener Prater ist nicht nur ein ausgedehntes Erholungsgebiet, sondern vor allem für sein Vergnügungsgelände bekannt. Der Name selbst leitet sich vom lateinischen „pratum" = Wiese ab. Das Gebiet war lange in kaiserlichem Besitz und wurde erst im Jahre 1766 von Kaiser Josef II. für die Öffentlichkeit freigegeben.

Den größten Teil des Areals nimmt der naturbelassene „grüne Prater" ein, der von der 4,4 km langen Hauptallee, beginnend beim Praterstern bis hin zum Lusthaus, durchzogen ist. Die Allee war früher Schauplatz des Blumenkorsos oder anderer Aufmärsche und Festzüge. Heute wird die Allee von Spaziergängern, Radfahrern und sportbegeisterten Läufern besucht. Das Lusthaus wurde von Isidore Canevale in den Jahren 1781-1783 neu erbaut; bekannt war es schon ab 1560 unter dem Namen „casa verde" und wurde als Jagdhaus genutzt. Heute befindet sich ein Café-Restaurant im achteckigen Gebäude.

Unweit des Lusthauses liegt die Rennbahn Freudenau, wo schon seit 1839 Pferderennen auf dem Gebiet des heutigen Rennplatzes abgehalten wurden. Das Hauptgebäude wurde nach den Plänen von Carl Hasenauer errichtet.

Im Westen des Geländes ist der Wurstelprater beheimatet, der nach der Figur des Hanswurst benannt wurde. Der Wurstelprater lockt mit Ringelspielen, Spielautomaten, Geister- und Hochschaubahnen und vielen anderen Attraktionen sowie selbstverständlich dem Wahrzeichen der Stadt, dem Riesenrad. Das Riesenrad wurde 1897 anlässlich des 50-jährigen Thronjubiläums Kaiser Franz Josephs I. errichtet. Im Zweiten Weltkrieg wurde die Attraktion stark beschädigt. Nach der Restaurierung wurden nur mehr die Hälfte der ursprünglich 30 Wagons eingehängt. Neben dem Riesenrad sind der Watschenmann und der „Toboggan" die geheimen Wahrzeichen des Wurstelpraters. 1913 wurde der „Toboggan" als „Teufels Rutsch" eröffnet. Lange Zeit war der legendäre Bau aufgrund von Baufälligkeit außer Betrieb, heute ist der „Toboggan" samt seiner 100 Meter langen Rutsche wieder benutzbar.

Basilio Calafati (1800–1878), Karussellbesitzer und Taschenspieler, stellte im Jahre 1854 den „Großen Chineser" auf, der auch heute noch auf dem Calafatti-Platz im Prater zu sehen ist – wenngleich es sich nicht mehr um die Originalfigur handelt.

Vergnügungen der anderen Art gab es selbstverständlich auch abseits des Wiener Praters: Zirkusse, Kirtage, Kabarattprogramme, Varietés und Schausteller sowie bunte Festzüge.

Vorvorherige Doppelseite
Ansicht der Sängerhalle, 1880.

Vorige Seite
Kindervergnügen beim Ringelspiel im Prater, 1946.

Linke Seite
Neuanstrich: Blick in die Konstruktion des Riesenrads, 1938.

Partie mit der Restauration „Franz Trojan", 1891.

Rechte Seite
Im Türkenschanzpark in Währing:
Zwei Schausteller, ein Mann und ein Knabe, mit zwei bekleideten Affen an Leinen, 1890.

„Venedig in Wien": Viele Schaulustige am Kanal mit Gondelkasse, 1895.
Am 18. Mai eröffnete der Vergnügungspark im Prater, er gilt als einer der ersten Themenparks
der Welt. Venedig, mit seinen begehbaren Palazzi, Cafés, Restaurants und Verkaufsbuden,
umgeben von künstlichen Kanälen war ein äußerst erfolgreiches Projekt, das die Wiener gerne
genutzt haben. Aber trotz der anfänglichen Euphorie verloren die Wiener nach nur wenigen
Jahren das Interesse an Venedig, sodass der Themenpark umgestaltet wurde.

Rechte Seite
Blick in den Kanal: Eine romantische Gondelfahrt – mitten in der Wiener Leopoldstadt.

„Venedig in Wien" – Eingang, 1895.

Das Bild zeigt die malerische Kulisse von „Venedig in Wien", Front mit Garderobe und Hotel „Bauer-Grünwald" mit Palastfronten.

„Venedig in Wien": Palastfronten und Brücke.

Im Volksprater: Außenansicht des Panoptikums, 1900.

Kaiser-Jubiläums-Ausstellung 1898: Attraktion „Luftballon" (Luftkissen) im Vergnügungspark.
Davor der Schausteller im Anzug mit Zylinder, 1898.

Rechte Seite
Salzstriezerlverkäufer gegen den Pariser Wunder-Salon, 1900.

Hagenbuchers Restauration „Zum Wilden Mann", 1900. Weibliche Neugierige spähen durch die Zaunlatten.

Blick auf den Konstantinhügel von Nordwesten über den Teich, 1900.

Rechte Seite
Ein Kasperltheater mit dem „Wurschtl" im Wurstelprater.

Sicher ein Publikumsmagnet: die Damenkapelle eines Prater-Etablissement, 1905.

Rechte Seite
Kaffeehaus, 1905.

Die Rutschbahn Anfang des 20. Jahrhunderts.

Wurstel-Theater.

Jubiläumsfestzug 1908: Nationalitäten-Gruppe Mähren: Iglauer Brautwagen und Fest der Pfingstkönigin.

Rechte Seite

Gastgarten des „Dritten Kaffeehauses" – das Personal wartet auf die Gäste, 1910.

„Drittes Kaffeehaus": Musikpavillon mit Militärkapelle, 1910.

Im Prater: Sachergarten mit altösterreichischer Gesellschaft.
Der Schriftsteller Adalbert Stifter beschrieb den Prater einst: „Ist es ein Park? Nein! Ist es eine
Wiese? Nein! Ist es ein Garten? Nein! Ein Wald? Nein! Eine Lustanstalt? Nein! (...) Alles dies
zusammengenommen!"

Im Pratermuseum.
Hier kann man Schönes und Altes wiederentdecken. Das Museum befindet sich nahe des
Pratereingangs am Oswald-Thomas-Platz 1.

Rechte Seite
Der Lichtspielpalast Emerich Kern, das „Kino Kern", 1910.

Der Zirkus Renz in einer Schrägansicht von rechts, 1911.

Albern in Simmering: Ein Wanderzirkus und Varieté-Theater zu Gast, 1912.

Rechte Seite

Blick gegen den Praterstern, samt Tegetthoff-Denkmal und Zirkus Busch. Der Praterstern wurde im Jahre 1872 angelegt, hier liefen insgesamt sieben Straßen zusammen, u. a. die Hauptallee sowie die Jägerzeile, die heutige Praterstraße. Der österreichische Admiral Wilhelm von Tegetthoff blickt auch heute noch starr in Richtung Adria.

Durchblick auf das Riesenrad zwischen dem „Kino Kristall" und dem „Restaurant Prohaska". Die Aufnahme stammt aus dem Jahre 1925. Zu jener Zeit war das Riesenrad noch mit der doppelten Wagonzahl bestückt.

Rechte Seite
Der Straßenverkäufer hat leckere Speisen für die hungrigen Praterbesucher im Angebot.

Die Aufnahme zeigt die Sängerhalle im Wiener Prater.
Unter der Leitung von Viktor Keldorfer fand 1928 ein Massenkonzert der Teilnehmer am
Sängerbundfest statt. Das Bild war damals eine Sensation, da es aus zehn Aufnahmen
zusammengesetzt wurde, um den Gesamteindruck wiederzugeben.

Rechte Seite
Nachtaufnahme: Die Leuchtreklameschilder von anno Dazumal sollen die Besucher auch
des Nachts anlocken.

Rundblick vom Riesenrad: im Vordergrund an der Ausstellungsstraße alte Praterbauten,
„Kino Busch", Präuschers „Panoptikum" etc., 1930.

Rechte Seite
Die „Gulyas-Hütte" verspricht den Besuchern „volkstümliche Preise", im Hintergrund das
Riesenrad.

Eine kleine Zugfahrt für die Reisewilligen: „Wien–Budapest–Goldenes Horn". Rechts im
Bild das „Kleine Theater", das mit dem Slogan „Willst die Sorgen schwinden machen,
komm herein und du wirst lachen" wirbt, 1930.

Die Luftschaukel mit schwindelfreien Schauklern in Betrieb, 1930.

Eine große Kinderschar beim Kasperl-Schauen im Wurstelprater, 1930.

Rechte Seite
Lichtspieltheater: Außenansicht mit Plakat und Lichtreklame „Zwei Herzen im Dreiviertel-takt", 1930.

Ein großer Tag für die Firmlinge – im Vordergrund ein festlich geschmückter Fiaker,
dahinter das Riesenrad, 1932.

Rechte Seite
Prater-Besucher schlendern durch die Gassen und besichtigen die verschiedenen Buden,
1931.

Läufer beim Rennen vom Lusthaus durch die Hauptallee, 1932.

Nächste Doppelseite
Blick von erhöhtem Standort auf das „Kino Busch" und die beliebte „Grottenbahn" mit
Passanten, 1930.

Im Stadionbad im Prater:
Das Stadionbad wurde gleichzeitig mit dem Wiener Stadion und der damaligen Radrenn-
bahn im Prater anlässlich der zweiten Arbeiterolympiade im Jahr 1931 feierlich eröffnet.
Der Blick über die Sonnenpritschen mit sonnenhungrigen Badegästen, 1933. 1945 brannte
das Bad, von Fliegerbomben getroffen, gänzlich nieder. Schon nach einem Jahr konnte der
Notbetrieb wieder aufgenommen werden.

Auf der Wiese kann man sich auch ohne Wasser sportlich betätigen.

Bassins und Tribüne. Das Stadionbad zählt mit seinen Attraktionen wie dem Wellenbad auch heute noch zu den beliebtesten Bädern der Wiener Bevölkerung.

Seite 45

Kirtag in Mauer, Liesing, im Jahre 1934.

Rechte Seite
Kirtag: Mit einem Humpen Bier lässt sich ein Sonntag angenehm begehen.

Auch der Kirtag in Mauer erfreut Kinder wie Erwachsene mit kleinen Vergnügungen.

Das berühmte Restaurant „Eisvogel", im Vordergrund zur Firmung geschmückte Autos, 1934.

Eine Praterfahrt des Kindergartens Sandleiten. Hier sind die Kinder vor dem Restaurant „Schweizerhaus" zum Fototermin aufgereiht, 1934.

Rechte Seite
Eine staundende Besucherin im „Panoptikum" vor den Wachspuppen, 1935.

Die Wiener Rotunde in einer Aufnahme aus dem Jahre 1935. Das imposante Eingangstor
lässt im Verhältnis zu den Passanten die ehemalige Größe dieses Bauwerks erahnen.

Das Innere der Rotunde in einer Teilansicht, 1935.

Die Rotunde in einer Luftaufnahme, 1935.

Mit der Liliputbahn eine Runde im Prater drehen ... Dieses Vergnügen kann man sich auch heute noch gönnen, 1938. Die Bahn wurde im Zuge des Sängerfestes 1928 anlässlich des 100. Geburtstages von Franz Schubert eröffnet.

Rechte Seite
Das Heiratszelt, 1938. Ob die zwei jungen Damen noch je einen galanten Herrn gefunden haben, der sie vor Ort ehelicht, ist leider nicht bekannt.

Ein leidgeprüfter Geselle – der Watschenmann.

Rechte Seite
Hochschaubahn: Teilansicht von erhöhtem Standort, 1938.

In der Liliputstadt – hier im Bild die „Einwohner" derselben.
Die Liliputstadt war eine weitere Attraktion des Volkspraters. Sie bestand aus
mehreren Miniaturhäusern, in denen Kleinwüchsige wohnten.

Besuchermenge am 1. Mai, 1938.

1. Mai 1938 in Wien: Volkstanz auf der Jesuitenwiese.

Die „Manege Parisien", 1938.

In der Grottenbahn „Zum Lindwurm", Nahansicht vor 1945.

Rechte Seite
Das Geisterschloss, 1939: Geister und andere Schreckgestalten warten auf mutige
Besucher.

Das Lustspieltheater ganz links samt Riesenrad, Hochschaubahn und „Kino Kristall", 1943.

Ein Sonntag wie er sein soll: Kinder beim Ringelspiel im Prater, 1949.

Rechte Seite
Planungsgespräch für den Prater-Wiederaufbau nach Ende des Zweiten Weltkrieges: Architekturmodell, 1945, im Hintergrund das wagonlose Riesenrad. Im Jahre 1914 hat das Riesenrad sogar ein Pferd befördert – jedoch nicht im Wagon, sondern oben drauf!

Auf der Bahn, 1946: „Weg frei!"

Eine Frau beim Anpreisen ihrer Jux- und Scherzartikel.

Rechte Seite
Beim Ringelspiel, 1946.

Beim Volkstheater, 1946: Werbung einmal anders. Der Zirkus Rebernigg schickt einen Elefanten als Werbeträger durch die Stadt. Die drei Burschen stehen in gebührendem Abstand und schauen dem Tier beim Trinken zu.

Rechte Seite
Nach der Firmung geht's in den Prater. Hier einige Firmlinge mit Luftballons vor dem Riesenrad, 1947.

Hochschaubahn, 1946: Stolzer Fahrer beim Einlenken in die Kurve.

Rechte Seite
Festlich gekleidete Firmlinge mit Luftballons.

Ohne Anhalten geht's nicht, 1947.

Im Volksprater: Karl Honay begrüßt anlässlich
der Eröffnung der Liliputstadt deren Bürger-
meister.

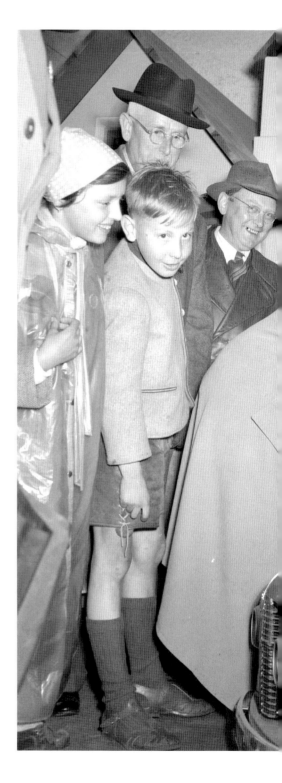

Seite 70

Der Österreichische Gebrauchshundeverein häl
im Wiener Prater Ausbildungskurse ab, 1948.

Ansicht des „Toboggan" im Bau, 1948. Dieser wa
viele Jahre außer Betrieb und wurde 2009 wie-
dereröffnet. Der Wiener „Toboggan" ist auf der
ganzen Welt der letzte Rutschturm seiner Art.

Impressionen aus dem Wurstelprater: Auch für
das leibliche Wohl ist ausreichend gesorgt.

Der Blumenkorso in der Prater Hauptallee, 1948: Tanzende Frauen in schönen weißen Kleidern.

Das Geisterschloss in einer Aufnahme aus dem Jahre 1950.

Die Hochschaubahn: Übersicht aus einer Kabine des Riesenrades.

Rechte Seite
Zwei Kinder gönnen sich eine Pause vom lustigen Treiben, 1948.

Blumenkorso in der Prater Hauptallee: Auf dem blumengeschmückten Kleinlaster des „Verein Wiener Volksprater" stehen Verkleidete und winken dem Publikum zu.

Rechte Seite
Ansicht der Verkaufsbuden, im Hintergrund fertiger „Toboggan".

Konstantinhügel: Blick aufwärts auf das Restaurant, das 1977 einem Brand zum Opfer fiel. Das 1873 eröffnete „Café Konstantin" zählte einst zu den teuersten und vornehmsten Restaurants der Stadt. Der Hügel selbst wurde durch das Aushubmaterial der Rotunde aufgeschüttet.

Blumenkorso, 1949: „Miss Vindobona" auf einem geschmücktem Wagen in der Prater Hauptallee.

Oben
Bumenkorso in der Prater Hauptallee, 1948.
Der zweite Wagen im Bild ist von der Modeschule Hetzendorf. Die jungen Schüle-rinnen haben sichtlich Spaß an der Ausfahrt.

Zu den zahlreichen Vergnügungen im Prater gehörte auch die Scherzfotografie. Hier zwei junge Fräuleins hoch zu Ross.

Rechte Seite
Kinderblumenkorso in der Prater Hauptallee: Heinz Conrads überreicht dem Inhaber des am schönsten geschmückten Wagens einen Tretroller.

Seite 81

Trabrennplatz Krieau: Vor den Wettkassen ange-
stellte Besucher.

Rechte Seite
Endspurt auf der Zielgeraden der Freudenauer
Rennbahn.

Fotografen im Wiener Stadion: Der Zweite von
links ist Lothar Rübelt.

Am Trabrennplatz Krieau:
52. Graf-Kalman-Hunyady-Gedenkrennen, 1951.

Linke Seite unten
Fiakerfahrt des Meidlinger Alt-Wiener-Klubs im
Prater: Wagen auf der Trabrennstrecke, 1954.

Rechte Seite unten
Motorrad-Meeting des ÖAMTC: Start der Speed-
way-Solomaschinen vor der Haupttribüne.

Eine mondäne Vergnügung im Wiener Prater: das Golfspielen.

Auf der Jesuitenwiese im Wiener Prater: Pfingsttreffen der Kommunistischen Jugend in Wien, 1951.

Automobile so weit das Auge reicht: Besucheransturm auf die Herbstmesse, 1951.

Rechte Seite
Professional-Meeting auf dem Tennisplatz des Wiener Parkclubs im Prater: Blick auf den Centercourt, 1953.

Mutter und Sohn während einer Bootsfahrt im Schwan auf der Wasserbahn, 1956.

Saisoneröffnung: Alois Weinberger vor der Bühne mit der Märchenschau der Liliputaner, 1954.

In der Hochschaubahn, 1956.

Dreharbeiten beim Lusthaus.
Szene aus dem Film „Die Hexe" unter der Regie von Gustav Ucicky. Anita Björg und
Karlheinz Böhm – das Pärchen in der Mitte – in den Hauptrollen, 1954.

Gärtnerinnen im Prater mit ihren Rechen, 1965.

„Angriff" beim Autodrom, 1966.

Rechte Seite
Karl Farkas und Fritz Heller im Kabarett, 1960.

Helmut Qualtinger und Gerhard Bronner bei einer ihrer legendären Travnicek-Doppelcon-
ferencen, 1957.

Im Prater: Mann mit Pony, um 1955.

Das Hauptportal der Wiener Messe nahe dem Prater, 1958.

Österreichische Nationalbibliothek

Bildarchiv

Das Bildarchiv der Österreichischen Nationalbibliothek ist mit mehr als eineinhalb Millionen Objekten die größte Bilddokumentationsstelle Österreichs.

Das Kernstück bilden über eine Million Fotografien, deren Themenspektrum von Porträts über Architekturfotografie, zeithistorische Dokumente, Alltagsbilder bis hin zu künstlerischen Aufnahmen reicht. Die grafische Sammlung umfasst heute mehr als 500.000 Druckgrafiken, Aquarelle und Zeichnungen, die Fideikommiss-bibliothek, die ehemalige kaiserliche Familienbibliothek, an die 117.000 Bände.

Über 50.000 Bilddokumente aus den wertvollen Beständen des Bildarchivs und der Sammlungen der Österreichischen Nationalbibliothek stehen digitalisiert in der Bilddatenbank des Archivs (www.bildarchivaustria.at) online für Forschung, kommerzielle und persönliche Verwendung zur Verfügung.

Sämtliche Recherchekataloge sind über Internet verfügbar (www.bildarchiv.at). Der digitale Wienkatalog bietet die Möglichkeit der Recherche zu mehr als 100.000 erfassten Fotografien und Grafiken zum Thema Wien. Die Suche kann nach Bezirken, Straßen, Hausnummern, aber auch nach bedeutenden Baulichkeiten und Themen ausgeführt werden. Auf Wunsch können fotografische Abzüge und digitale Kopien zur Verfügung gestellt werden.